FÜR EMIEL BOS

DANKE!

Henning Wagenbreth
Dieter Böge
Marlen Bialek
Melanie Haller
Josephine Apraku
Moritz, Sonja, Christoph Exner

Wir produzieren nachhaltig
• Klimaneutrales Produkt
• Papiere aus nachhaltigen und kontrollierten Quellen
• Hergestellt in Europa

FSC www.fsc.org MIX Papier aus verantwortungsvollen Quellen FSC® C107574

Völckersstraße 14–20, 22765 Hamburg
Originalausgabe
Konzept, Text, Umschlag- und Innenillustrationen, Gestaltung und Titeltypografie: Karen Exner
Gesetzt aus der Akzidenz Grotesk BQ Medium
Lektorat: Marlen Bialek
Produktionsmanagement: Sara Trieglaff
ISBN 978-3-551-52291-7

KAREN EXNER

HÜTE

UND ANDERE KOPFBEDECKUNGEN AUS ALLER WELT

CARLSEN

HÜTE HAUBEN HELME

Kopfbedeckungen sind superspannend! Wir alle tragen sie aus unterschiedlichen Gründen und zwar schon sehr, sehr lange. In Frankreich wurde die älteste bekannte Darstellung einer Kopfbedeckung gefunden. Sie stammt aus der Altsteinzeit und wurde vor mehr als 21.000 Jahren angefertigt: Es ist ein aus Mammut-Elfenbein geschnitzter Kopf mit einer Kapuze. Hättest du das gedacht?

Aber warum setzen sich Menschen eigentlich Hüte, Hauben, Kopftücher, Helme, Kappen oder Mützen auf den Kopf? Die Gründe dafür sind sehr vielfältig. Kopfbedeckungen können uns vor Wettereinflüssen und Verletzungen schützen oder vor Blicken. Sie können uns aber auch schmücken und sie haben eine wichtige symbolische Bedeutung. Denn was auf dem Kopf sitzt, ist für alle gut sichtbar, zieht Blicke auf sich und vermittelt so eine Botschaft über Träger oder Trägerin. Unsere Kopfbedeckung kann darauf hinweisen, dass wir uns zu einer bestimmten kulturellen, religiösen oder gesellschaftlichen Gruppe zählen. Manchmal gibt sie Auskunft über die politische Einstellung, den Beruf oder sogar den Gefühlszustand der Person, die sie trägt. Kopfbedeckungen sollen uns als würdevoll, respektabel oder lächerlich markieren. Manche sind mit bestimmten Riten verbunden, sollen andere besänftigen oder verschrecken.

Alles, was wir uns auf den Kopf setzen, verrät also etwas über uns. Außerdem macht es Spaß, jede Menge Kopfbedeckungen zu tragen und mehr darüber zu erfahren!

BASKENMÜTZE

WELTWEITE MODE AUS SÜDFRANKREICH

Die kleine Filzmütze ist heute weltweit bekannt. Sie stammt aus der Region Béarn in Südfrankreich. Von dort verbreitete sie sich über das Baskenland – daher auch ihr Name. Ursprünglich trugen Schäfer und Bauern die praktische, faltbare Mütze. Weil sie aus Wolle bestand, schützte sie auch vor Regen. Im 19. Jahrhundert verbreitete sie sich unter Künstlern und Denkern in Paris. Später wurde sie zum Zeichen für politisch Unangepasste und schließlich zur Mode auf der ganzen Welt. Der Zipfel in der Mitte ist übrigens nicht nur Zierde, sondern entsteht beim Filzen der Mütze.

FES

VERGANGENE TRADITION

Woher genau die rote Filzkappe stammt, ist unklar. Benannt ist sie nach der Stadt Fes in Marokko. Dort wurde das Färbemittel für sie hergestellt. Der Fes verbreitete sich vor allem in Nordafrika und im Nahen Osten. Lange Zeit beliebt, verlor er schließlich an Bedeutung. Als 1923 die Türkei gegründet wurde, wollte ihr erster Präsident, Kemal Atatürk, das Land an Europa angleichen. Deswegen sollten Türkinnen und Türken westliche Kleidung tragen. 1925 wurde der Fes in der Türkei per Hutgesetz sogar verboten. Heute trägt man die Kappe fast nur noch in Marokko.

MELONE

TRADITION FÜR STOLZE CHOLITAS

Cholitas sind indigene Frauen in Peru, Chile und Bolivien. Die Melone wiederum ist ursprünglich ein englischer Herrenhut. Anfang des 20. Jahrhunderts erreichte eine Lieferung dieser Melonen Bolivien, aber sie fanden dort keinen Anklang bei den Männern. Um sie trotzdem loszuwerden, erzählten gewiefte Geschäftsleute den Landfrauen, die Melonen wären der letzte Schrei der italienischen Mode. Und plötzlich wollten alle sie haben. Heute tragen Herren in Europa kaum noch Melone, aber bei den Cholitas hat sie sich als Teil ihrer Tracht durchgesetzt. Die Melone ist ein Symbol für das Selbstbewusstsein der Cholitas geworden.

TOPFHUT

SCHLICHTE ELEGANZ FÜR DIE MODERNE FRAU

Nach dem Ersten Weltkrieg hatte sich die Welt in Europa verändert. Frauen wollten nicht mehr in Korsetts eingeschnürt werden und unpraktische ausladende Hüte tragen. Sie fuhren Auto, ließen sich die Haare kurz schneiden und trugen bequeme Kleidung. Auf den Kopf setzten sie sich einfache Hüte ohne Krempe. Die Topfhüte waren schick und praktisch und wurden in den 1920er Jahren zum Ausdruck für unabhängige modebewusste Frauen.

KUFIYA

SCHUTZ IN DER ARABISCHEN WÜSTE

Die Sonne glüht in der Wüste, Sand und Staub fliegen durch die Luft. Doch wer eine Kufiya ums Gesicht gewickelt trägt, ist vor all dem geschützt. Die Kufiya stammt ursprünglich aus der Stadt Kufa im Irak. Dort wurde sie von Beduinen und Bauern getragen. Heutzutage tragen Männer in der arabischen Welt die Kufiya aus Tradition, auch wenn sie nicht durch die Wüste stapfen. Je nach Region gibt es verschiedene Farben, Muster und Arten, das Tuch zu tragen. Oft wird es mit dem Agal, einer Art Kordel, auf dem Kopf gehalten.

CHULLO

GEMUSTERTER OHRENWÄRMER

Die Chullo kommt aus den Anden, einem Gebirge in Südamerika. Dort schützt die Wollmütze mit Ohrenklappen ihre Träger vor den rauen Bedingungen in den Bergen. Früher wurde sie ausschließlich von Jungen und Männern in der Andenregion getragen. Ihre Form und ihr Muster zeigten den gesellschaftlichen Stand des Trägers. Seit den 1970er Jahren verbreitete sich die Chullo auch als Modeaccessoire in Europa.

PUDELMÜTZE

FLAUSCHIGER STOSSDÄMPFER

Erst mit Bommel sieht eine Wintermütze richtig cool aus. In der Seefahrt war der Bommel früher aber mehr als nur Zierde. Die Räume unter Deck waren niedrig und eng, sodass sich die Seefahrer leicht den Kopf anstießen. Der Bommel war als Stoßdämpfer für den Kopf gedacht. Auch Soldaten einiger europäischer Länder hatten früher Bommel an ihren Kopfbedeckungen. Die Farbe des Bommels zeigte an, zu welchem Truppenteil der Träger gehörte.

PAPACHA

FÜR KALTE TAGE IM KAUKASUS

In den kalten Gebirgsgegenden des Kaukasus tragen Männer die Papacha. Sie wärmt nicht nur, sondern gibt auch Hinweise auf den Status des Trägers. Je feiner sie gearbeitet ist, desto angesehener ist der Mann. Es gibt viele verschiedene Varianten der Papacha: aus Schafs- oder aus Ziegenfell, mit langem oder kurzem Haar, mit rundem oder flachem Deckel. Auch das Reitervolk der Kosaken und russische Soldaten wärmen sich mit ihr den Kopf.

BÄRENFELLMÜTZE

UNIFORM DER KÖNIGLICHEN GARDE

Der britische König Charles III. empfängt andere Staatsoberhäupter im Buckingham Palace in London. Der wird von der königlichen Garde bewacht. Die Grenadiere tragen eine besondere Mütze – und das schon seit 1815. Damals gewannen die Briten die Schlacht bei Waterloo gegen die Franzosen. Als Zeichen des Triumphs wurde die Kopfbedeckung der französischen Garde übernommen. Sie wird bis heute aus dem Fell des Schwarzbären genäht und auf eine Konstruktion aus Holz aufgezogen, um ihre Form zu erhalten. Die Mützen sind sehr wertvoll und werden mit Shampoo und Haarspülung gepflegt.

BADEKAPPE

MÖGLICHST WENIG WIDERSTAND

Badekappen verringern den Widerstand beim Schwimmen, weil sie das Haar bedecken und dem Kopf eine glatte Oberfläche verleihen. Je geringer der Widerstand, desto schneller lässt es sich durchs Wasser gleiten. Menschen, denen es nicht wichtig ist, besonders schnell zu schwimmen, nutzen die Badekappe, um ihre Haare trocken zu halten, oder damit keine Haare im Schwimmbecken landen.

HIJAB

SCHUTZ VOR BLICKEN

Manche muslimische Frauen bedecken Haare und Hals mit einem Kopftuch. Sie wollen mit ihrem Äußeren kein Aufsehen erregen, vor allem nicht mit ihrem natürlichen Kopfschmuck, den Haaren. Beeindrucken wollen sie vor allem mit ihren inneren Werten wie Gläubigkeit und Gutherzigkeit. Damit richten sie sich nach ihrer Auslegung des Korans, der Heiligen Schrift des Islam. In manchen Ländern schreibt die Regierung Frauen vor, ein Kopftuch zu tragen – zum Beispiel im Iran. Ansonsten ist es ihre persönliche Entscheidung.

FASCINATOR

BLICKFANG BEI FESTEN

Wer trägt das auffälligste Kunstwerk zu Schau? Der Fascinator ist ein aufwändiger Kopfschmuck, den es in allen möglichen Formen gibt. Vor allem britische Damen mit hohem gesellschaftlichem Rang tragen ihn. Äußerst beliebt ist der Fascinator bei festlichen Anlässen wie Pferderennen oder adligen Hochzeiten. Hier geht es ums Sehen und Gesehenwerden.

5

POLIZEIMÜTZE

AUTORITÄT AUF DER STRASSE

Auf der Straße sollen Polizistinnen und Polizisten sofort erkennbar sein. Deshalb trägt die Polizistin eine Uniform, bei der die Mütze natürlich nicht fehlen darf. Sie soll für Respekt sorgen und der Polizistin helfen, dass die Menschen auf sie hören. Durch die Uniform zeigt die Polizeibeamtin außerdem, dass sie nicht ihren eigenen Willen durchsetzt, sondern die Gesetze ihres Landes.

GERICHTSPERÜCKE

AUTORITÄT IM VERHANDLUNGSSAAL

In britischen Gerichtssälen tragen Anwältinnen und Anwälte lange Roben und Perücken aus Pferdehaar. Die Tradition stammt aus dem 17. Jahrhundert, als fließendes Wasser knapp war. Damals trugen viele Menschen Perücken, um ihr ungewaschenes Haar zu verdecken. Gerichtsangehörige waren auch froh, dank der Perücken im Alltag nicht von ehemaligen Angeklagten erkannt zu werden. Heutzutage ist es nicht mehr nötig, ungewaschenes Haar zu verstecken. Doch für den Anwalt ist die Perücke immer noch Teil der Berufsbekleidung. Sie hebt ihn von den anderen Menschen im Gerichtssaal ab und verleiht ihm Respektabilität.

PERÜCKEN

VIELSEITIGES ZWEITHAAR

Seit Jahrtausenden nutzen Menschen Perücken. Im alten Ägypten waren sie Schönheits- und Statussymbole. Je feiner die Haarpracht, desto wohlhabender war die Person, die sie trug. Ähnlich verhielt es sich mit der Gache, einer traditionellen koreanischen Perücke. Sie wurde von Frauen von hohem sozialen Status genutzt. Bei den Huli aus Papua-Neuguinea schmücken die Männer ihr Haupt. Dafür verwenden sie ihr eigenes Haar. Sie lassen es jahrelang wachsen und verarbeiten es schließlich zu einer mit bunten Federn verzierten Perücke. Auch auf dem Kopf von Marie-Antoinette, der letzten französischen Königin, war jede Menge los! Der Pouf, eine Turmfrisur aus Draht, Kissen und Fremdhaar, sorgte dafür, dass sie garantiert auffiel. Ihre Frisuren waren teilweise so hoch, dass sie nicht aufrecht durch eine Tür gehen konnte. Eine besondere Attraktion war ihr Pouf mit einfrisiertem Schiffsmodell.
Manchmal ermöglichen Perücken den Personen, die sie tragen, weniger aufzufallen, etwas zu verstecken oder in eine Rolle zu schlüpfen. Schauspielerinnen oder Clowns nutzen sie und sie sind auch an Karneval beliebt! Strenggläubige Jüdinnen verdecken nach der Hochzeit in der Öffentlichkeit ihr Haar mit Hüten, Tüchern oder einer Perücke, die Scheitel genannt wird. Manche Menschen tragen Perücken, wenn sie kein oder wenig eigenes Haar haben. Zum Beispiel wegen einer Krankheit, einer medizinischen Behandlung oder weil ihr Haar im Laufe ihres Lebens ausgefallen ist.

SCHEITEL
HULI-MANN MIT PERÜCKE
POUF
GACHE
PERÜCKE IM ALTEN ÄGYPTEN

VOLENDAM-HAUBE

SYMBOL NIEDERLÄNDISCHER TRADITION

In Europa war es für Frauen früher üblich, im Alltag eine weiche Haube aus Stoff zu tragen. Ursprünglich sollte sie das Haar bei der Arbeit schützen. Mit der Zeit entwickelten sich viele verschiedene kunstvolle Formen. Jede Region hatte ihre eigene Trachtenhaube, an der man erkennen konnte, woher ihre Trägerin kam. In dem nordholländischen Fischerdorf Volendam gibt es seit dem 18. Jahrhundert eine weiße Haube aus Spitze, die so gebügelt wird, dass zwei Flügel neben dem Gesicht entstehen. Sie wurde weltweit bekannt durch die Werbefigur „Frau Antje", die in der Werbung für Käse immer eine Volendam-Haube trug.

WINOK
UKRAINISCHE TRACHT

Dieser Blumenkranz wurde ursprünglich von ukrainischen Mädchen und jungen Frauen getragen. Es ist ein über tausend Jahre alter Brauch, aus der Zeit, bevor die Menschen in der Ukraine christlich waren. Der Kranz symbolisierte die Unschuld eines Mädchens. Außerdem wurden ihm magische Kräfte zugesprochen, die seine Trägerin beschützten. Die Kränze werden aus verschiedenen Blumen geflochten, jede Blume hat eine eigene Bedeutung. Heute tragen Ukrainerinnen jeden Alters den Winok, vor allem bei Festen.

DASTAR

ZEICHEN DES GLAUBENS

Der Sikhismus ist eine Religion, die im 15. Jahrhundert in Nordindien entstand. Die Menschen, die dieser Religion anhängen, heißen Sikhs. Vor allem Sikh-Männer tragen den Dastar. Dabei handelt es sich um ein meterlanges Tuch, das jeden Morgen neu um den Kopf gewickelt wird. Es verdeckt das lange Haar der Sikhs, die nach fünf Regeln leben: Sie schneiden sich nicht die Haare und sie tragen immer ein Armband, eine lange Unterhose, einen Kamm und einen Säbel bei sich. Sobald ein Sikh getauft ist, gehört er zur Khalsa-Gemeinschaft und befolgt diese Regeln sein Leben lang.

KIPPA

ERINNERUNG AN GOTT

Beim Gebet, in der Synagoge und auf dem Friedhof tragen vor allem jüdische Männer und Jungen ab drei Jahren eine Kippa. Orthodoxe Juden tragen sie immer. Die Kippa ist nicht nur dazu da, um die Religion nach außen zu zeigen. Sie erinnert ihren Träger auch daran, dass Gott immer über ihm ist. Damit die Kippa nicht vom Hinterkopf rutscht, wird sie mit einer Klammer am Haar befestigt. Es gibt sie in zahllosen Farben und Mustern, für Kinder zum Beispiel auch mit Fußballmuster. Die besonders strenggläubigen charedischen Juden tragen eine schwarze Kippa.

FAHRRADHELM

LEBENSRETTER BEI UNFÄLLEN

Mit dem Fahrrad auf der Straße oder im Gelände unterwegs zu sein, macht Spaß, birgt aber auch Sturzgefahr. Zum Glück gibt es den Fahrradhelm! So bleibt der Kopf bei Stürzen heil. Der Helm besteht aus einer dicken Styroporschale mit einer dünnen Plastikschale drumherum. Wenn man bei einem Sturz mit dem Kopf auf dem Boden oder einem Auto aufschlägt, wird das Styropor zusammengedrückt und dämpft dadurch den Aufprall.

Der Helm muss gut sitzen und unter dem Kinn festgeschnallt werden. Denn ein verrutschter Helm kann einen nicht schützen. Nach einem Sturz muss er ausgetauscht werden. Durch den Aufprall verformt sich das Styropor und verliert seine dämpfende Wirkung. Beim Radfahren kann man ganz schön ins Schwitzen geraten. Damit der Kopf während der Anstrengung nicht zu heiß wird, gibt es Löcher im Fahrradhelm. Die sorgen für eine gute Belüftung während des Fahrens. Fahrradhelme gibt es schon seit über hundert Jahren. Seit etwa dreißig Jahren werden sie nicht nur im Profiradsport, sondern auch in der breiten Bevölkerung genutzt, und inzwischen gibt es viele coole Modelle. In wenigen Ländern ist der Fahrradhelm Pflicht. In Deutschland ist er für Kinder und Erwachsene freiwillig. Aber es wäre ja ziemlich leichtsinnig, auf einen schützenden Helm zu verzichten, oder?

PARTYHUT

FEIERSTIMMUNG FÜR DEN KOPF

Wenn Leute spitze Hütchen aufsetzen und in Tröten blasen, heißt es: Partyzeit! Woher diese Tradition kommt, weiß niemand genau. Schon im alten Ägypten wurden zu festlichen Anlässen kegelförmige Hüte aus Bienenwachs getragen. Zwischen der Mitte des 19. und dem Anfang des 20. Jahrhunderts bekamen Schulkinder in den USA und Europa zur Strafe für Regelbrüche manchmal einen kegelförmigen Hut aufgesetzt. Vielleicht waren diese Kappen Vorbilder des Partyhuts? Wer ihn trägt, darf ein bisschen aus der Reihe tanzen. Die üblichen Regeln sind kurzzeitig außer Kraft gesetzt.

36

HENNIN

HOHE HAUBE FÜR HOCHRANGIGE DAMEN

Im späten Mittelalter war eine ganz besondere Haube unter feinen europäischen Damen in Mode. Der kegelförmige Hennin bedeckte das Haar vollständig und wurde meist zusammen mit einem Schleier getragen. Nur Frauen von gesellschaftlichem Ansehen trugen Hennins und je höher die Kopfbedeckung aufragte, desto einflussreicher und wohlhabender war seine Trägerin. Prinzessinnen besaßen Exemplare, die bis zu einem Meter hoch waren.

ZYLINDER

VOM ALLTAGSHUT ZUM FESTTAGSHUT

Vor 250 Jahren war der Zylinder eine neue Herrenmode. Bald breitete er sich aus und galt ab Anfang des 19. Jahrhunderts als Symbol des aufgestiegenen Bürgertums. Auch Abraham Lincoln, der von 1861 bis 1865 Präsident der USA war, war bekannt für seinen hohen geraden Zylinder, der Ofenrohr genannt wurde. Frauen trugen den Hut höchstens beim Reiten. Noch bis vor Kurzem war der Zylinder Standard bei Turnieren im Dressurreiten. Doch seit 2021 gibt es eine Helmpflicht. Heute werden Zylinder nur noch bei formellen Anlässen getragen. Obwohl Zauberer immer noch dafür bekannt sind, Kaninchen aus ihnen herauszuziehen.

HUTWERKSTATT

Um einen Filzhut herzustellen, wird ein Rohling aus Filz mit Wasserdampf formbar gemacht und auf eine Holzform gezogen. Nach dem Trocknen wird überschüssiger Filz an der Krempe abgeschnitten und der Hut wird mit Sandpapier bearbeitet, bis er samtweich ist. Zum Schluss wird ein Leder-Schweißband eingearbeitet und der Hut wird mit Bändern und Federn verziert.

BASEBALLKAPPE

EINE KAPPE FÜR ALLE

Die Baseballkappe kommt aus den USA. Baseballspieler trugen sie ursprünglich, um sich vor der Sonne zu schützen. Inzwischen haben Baseballkappen viele Fans! Sie sind praktisch, einfach herzustellen und deshalb mittlerweile weltweit bei vielen Menschen beliebt. Schau mal genau hin: Menschen nutzen die Kappe auch, um ein Statement zu machen. Die Logos oder Sprüche auf den Kappen erzählen viel über ihre Trägerinnen und Träger.

COWBOYHUT

SYMBOL DES WILDEN WESTENS

Im Westen der USA lebten zwischen den 1860ern und 1880ern riesige halbwilde Kuhherden. Sie wurden von Cowboys auf Pferden über das Land getrieben. Die Cowboys verbrachten viele Wochen ununterbrochen im Freien. Sie trugen Arbeitskleidung, dazu gehörte ein Filzhut mit breiter Krempe, der vor Regen und Sonne schützte. John B. Stetson entwickelte 1865 den klassischen Cowboyhut „Stetson". Er bestand aus Biberhaar und war wasserabweisend und sehr leicht.

LARDIL-TANZHUT

HEILIGES SYMBOL DER REGENBOGENSCHLANGE

Auf der australischen Mornington-Insel leben die Lardil. Sie gehören zu den Aboriginal Australians, den Völkern, die schon vor der Kolonialzeit in Australien lebten. Aboriginal Australians haben einen großen Respekt vor der Natur und leben im Einklang mit ihr. Sie glauben an die Traumzeit. Damit ist keine Zeit in unserem Sinne gemeint, sondern eine raum- und zeitlose Mythenwelt, in der Schöpferwesen mit gewaltigen Kräften die Natur und deren Gesetze formen. Eines dieser Wesen ist die Regenbogenschlange. Geschichten von der Traumzeit werden oft in Liedern und Tänzen weitergegeben. Für solche Tänze bemalen Lardil-Männer ihren Körper und tragen einen kegelförmigen Hut aus Rinde.

Er wird mit einer Kordel aus Menschenhaar umwickelt, bemalt und mit Emufedern geschmückt. Der Hut symbolisiert die Regenbogenschlange. Er gilt als heilig und darf nur von einem Lardil-Tänzer getragen werden. Durch die Tänze versetzen sich die Lardil-Tänzer in die Traumzeit und verbinden sich mit ihren Vorfahren und ihrer Umwelt.

SOMBRERO

TRAGBARER SCHATTENPLATZ

Schatten heißt auf Spanisch „sombra". Jeder Hut mit breiter Krempe wird im Spanischen „sombrero" genannt. Wenn wir im Deutschen von einem Sombrero sprechen, meinen wir den „sombrero de charro", den Hut der mexikanischen Reiter, also der „charros". Er ist aus Stroh, Filz oder Leder und hat eine extragroße Krempe, die nach oben gebogen ist. So schützt er Kopf, Nacken und Schultern des Trägers vor der Sonne. Der Sombrero hat eine lange Geschichte und dient auch als traditioneller Kopfschmuck.

KEGELHUT

SCHUTZ VOR SONNE UND REGEN

In Vietnam scheint die Sonne häufig und je nach Jahreszeit gibt es starke, plötzliche Regenschauer. Vor allem Menschen auf dem Land, die viel Zeit draußen verbringen, tragen deswegen einen Kegelhut. Nicht nur in Vietnam, auch in anderen Ländern Südostasiens ist der Hut beliebt. Bei Sonne spendet er Schatten und bei Regen funktioniert er wie ein kleiner Regenschirm. Er ist wasserdicht und wird aus Reisstroh oder Palmenblättern geflochten. Ein Band unter dem Kinn sorgt für einen guten Sitz auf dem Kopf. Der Kegelhut ist ein Multifunktionsgerät. Wegen seiner flachen Form verwendet man ihn auch als Transportschale, Trinkgefäß oder Fächer.

TOQUE BLANCHE

FALTEN FÜR ERFAHRENE KÖCHE

Wie erkannte man früher den Küchenchef in einem Restaurant? Er hatte die höchste Haube auf! Die war dazu da, dass kein Haar in die Suppe geriet. Außerdem konnte man an ihr ablesen, wie erfahren der Koch war. Eine Kochmütze mit 30 Falten zeigte zum Beispiel an, dass ihr Träger 30 Arten kannte, ein Ei zuzubereiten. Heute wird die Tradition nicht mehr so streng befolgt.

FEDERHAUBE

FEDERN FÜR VERDIENTE KRIEGER

Die Federhaube wird von einigen Völkern getragen, die schon vor der Kolonialzeit in Nordamerika lebten, zum Beispiel von den Sioux. Ihre eindrucksvollen Federn sind nicht nur hübsch anzuschauen, sie haben auch eine besondere Bedeutung. Früher galten sie als Auszeichnung für besondere Leistungen im Kampf. Jede Feder stand für eine mutige Tat. Deshalb trugen nur berühmte Sioux-Krieger eine volle Federhaube. Die Haube wurde aus Adlerfedern gefertigt und der Geist des getöteten Vogels wurde durch bestimmte Rituale besänftigt. Heute erfüllt die Federhaube zeremonielle und politische Zwecke.

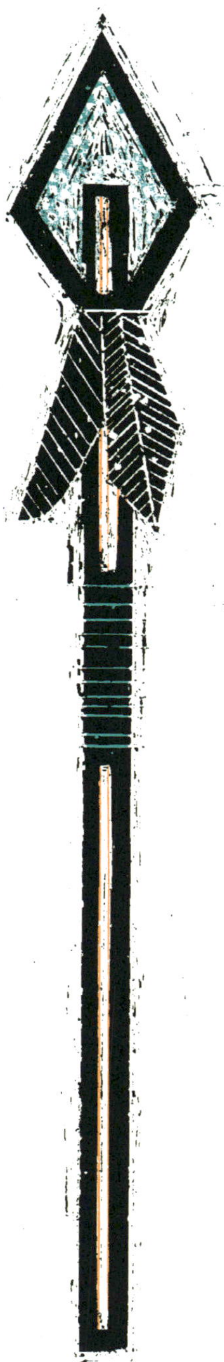

NEMES-KOPFTUCH

KOPFBEDECKUNG ÄGYPTISCHER PHARAONEN

Das Nemes-Kopftuch war ein Zeichen der Pharaonen, der Könige des alten Ägyptens. Das Tuch konnte mit und ohne Krone getragen werden. Es gab verschiedene Kronen und Hauben, die Pharaonen als Herrschaftszeichen auf dem Kopf zur Schau stellten. Zum Beispiel die weiß-rote Doppelkrone von Ober- und Unterägypten. Auch die Götter, die von den Menschen verehrt wurden, bildete man mit diesen Kopfbedeckungen ab. Denn die Leute glaubten, dass die Pharaonen die Repräsentanten der Götter auf der Erde seien. In Pharao Haremhabs Grab gibt es eine Wandmalerei, die ihn zeigt, wie er dem falkenköpfigen Gott Horus Wein anbietet.

DUKU
TÜCHER FÜR ELEGANTE DAMEN

Es gibt unzählige Farben, Muster und Bindungen für dieses Tuch, das in Süd- und Westafrika verbreitet ist. Je nach Land hat es verschiedene Bezeichnungen. In Ghana heißt es Duku. Auch die kulturellen Hintergründe und Einsatzzwecke sind vielfältig. Das Duku schützt bei der Arbeit zum Beispiel das Haar oder verdeckt es aus religiösen Gründen.

Oft hat das Duku einen dekorativen Nutzen und wird aufwendig gebunden. Manche Frauen tragen es jeden Tag, manche nur zu besonderen Anlässen. Dafür lassen sie auch schon mal eine Spezialistin kommen, um sich das Tuch binden zu lassen. Es ist sehr steif, damit die komplizierten Wicklungen halten und nicht in sich zusammenfallen.

KOPFTÜCHER

VIELFÄLTIGE TRADITIONEN

Es gibt viele Gründe, warum Menschen Kopftücher tragen: zum Schutz der Haare vor Schmutz und Staub, als Sonnen- oder Kälteschutz oder einfach aus modischen Gründen. Es gibt Kopftücher für Männer, aber meistens werden sie von Frauen getragen. Dann nennt man sie manchmal Schleier. In vielen Kulturen und Religionen ist das Tragen eines Kopftuchs üblich. Bestimmt hast du schon einmal eine Nonne oder eine Muslimin gesehen. Unter den muslimischen Kopftüchern ist der Hijab am verbreitetsten, der Haar, Hals und oft auch Schultern bedeckt. Es gibt viele andere Formen muslimischer Verschleierung. Der Niqab lässt nur die Augen frei. Er ist besonders auf der arabischen Halbinsel verbreitet. Frauen, die eine Burka tragen, gucken durch ein Gitternetz hindurch. Vor allem in Afghanistan sind Burkas üblich.

In Europa hat das Kopftuch auch eine lange Tradition. Im Mittelalter bedeckten verheiratete Frauen ihr Haar mit Kopftüchern oder Hauben. Besonders beliebt war der Wimpel, ein mehrlagiges weißes Kopftuch. In Deutschland war es bis vor wenigen Jahrzehnten ganz normal, dass Frauen im Alltag ein Kopftuch trugen. Vor allem bei der Arbeit draußen schützte es das Haar. Viele Schwarze Menschen nutzen nachts ein bestimmtes Kopftuch aus glattem Material. Um ihr Haar zu schützen, tragen sie beim Schlafen ein Durag. Das Durag ist inzwischen ein modisches Accessoire, das besonders Schwarze Menschen aus der Hip-Hop-Szene auch tagsüber tragen.

GELUNGAN

KOPFSCHMUCK DER LEGONG-TÄNZERINNEN

Mit minimalen Bewegungen der Finger und Augen erzählt die Legong-Tänzerin eine Geschichte. Sie trägt ein aufwendiges Kostüm, gekrönt von einem goldenen Blütenkopfschmuck, der Gelungan genannt wird. Legong ist ein anspruchsvoller Tanz von der Insel Bali und schwer zu erlernen. Früher tanzten ihn nur junge Mädchen vor der Pubertät. Heute wird er von allen Menschen jedes Alters vorgeführt.

MÜTZE DER GELUGPA

ZEICHEN FÜR FROMME MÖNCHE

In Tibet gibt es vier buddhistische Glaubensrichtungen. Eine davon ist die Gelug-Schule. Ihr gehört auch der berühmte Dalai Lama an. Die Gelug-Mönche werden Gelugpa oder Gelbmützen genannt, wegen ihrer gelben Kopfbedeckungen. Die tragen sie allerdings nur bei zeremoniellen Anlässen. Die Gelug-Schule gibt es noch nicht so lange wie die anderen Schulen. Als sie gegründet wurde, wollte man sich abgrenzen, auch äußerlich. Deshalb wählten die Mönche gelbe Mützen anstatt der bei den anderen üblichen roten.

NONNENSCHLEIER

GEWAND FÜR EIN LEBEN MIT GOTT

Nonnen leben in einer christlichen Gemeinschaft zusammen, die ihr Leben rund um den Gott der Bibel ausrichtet. Diese Gemeinschaft nennt man Orden. Alle Nonnen eines Ordens tragen die gleiche Tracht, einschließlich des Nonnenschleiers. Dieser Brauch stammt aus dem Mittelalter, als es vor allem unter verheirateten Frauen üblich war, das Haar zu bedecken. Der Schleier ist ein Zeichen der Bescheidenheit, er stellt die Individualität in den Hintergrund und symbolisiert die Bereitschaft der Nonnen, ihr Leben dem Gebet und dem Glauben sowie der Arbeit zu widmen.

ALUHUT

SCHUTZ VOR STRAHLUNG?

Aluminiumfolie findet man in fast jeder Küche – oder zum Hut gewickelt auf den Köpfen mancher Leute, die an Verschwörungserzählungen glauben. Sie möchten ihr Gehirn mit der Alufolie vor Strahlung schützen, die ihre Gedanken kontrolliert. Das ist natürlich kompletter Quatsch und nur ganz wenige Menschen glauben daran. Trotzdem ist der Aluhut zu einem Symbol geworden, das verdeutlicht, dass Verschwörungserzählungen nicht auf wissenschaftlichen Fakten basieren und dass wir ihnen keinen Glauben schenken sollten.

HUNDSGUGEL

SCHUTZ IM KAMPF

Ritter schützten ihren Kopf in der Schlacht oder auf Turnieren mit aufwendig geschmiedeten Helmen. Es gab viele unterschiedliche Varianten dieser Kopfbedeckung und vor etwa 650 Jahren war ein Modell mit spitzem Visier zum Auf- und Zuklappen sehr gefragt. Dieser Helm ließ Platz zum Atmen und machte es Angreifern schwer, das Gesicht zu treffen, denn seine Form verringerte die Aufprallfläche für Lanzen. Da sein Visier an eine Hundeschnauze erinnerte, wurde der Helm Hundsgugel genannt. Gugel war übrigens im Mittelalter das Wort für Kapuze.

FOOTBALLHELM

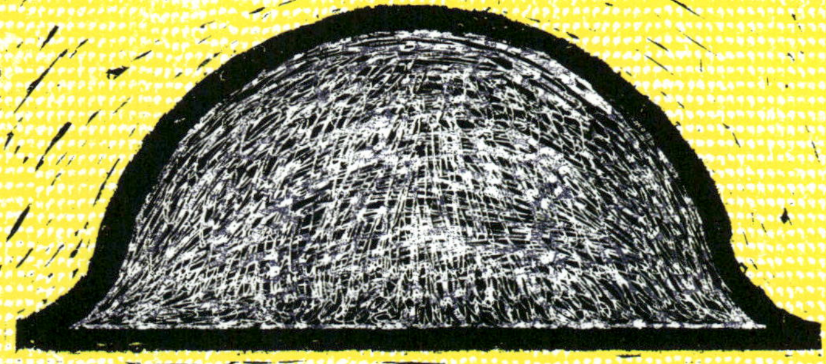

STAHLHELM

ANTIKER RÖMISCHER PARADEHELM

KABUTO MIT MEMPO

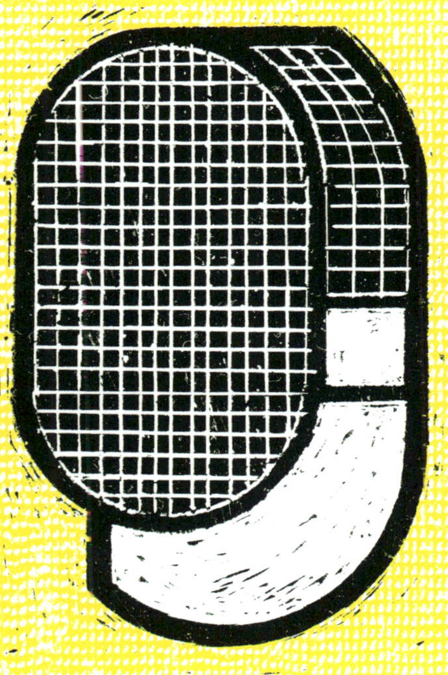

FECHTMASKE

HELME

SICHERHEIT FÜR DEN KOPF

Helme schützen den Kopf vor Stößen und Schlägen oder bei Stürzen. Ursprünglich wurden sie für Kämpfe angefertigt und mit der Zeit haben sie sich genauso verändert wie die Waffen, vor denen sie schützen sollten. Japanische Samurai trugen zusammen mit ihren Helmen (Kabuto) oft gruselige Masken (Mempo), die das Gesicht schützten und den Gegner einschüchterten. Manche reich verzierten Helme waren nicht für den Kampf gedacht, sondern wurden bei Paraden zur Schau getragen. In Europa erlitten zahlreiche Soldaten während des Ersten Weltkriegs schreckliche Kopfverletzungen durch Geschosse und Granatsplitter. Zum Schutz davor wurde der Stahlhelm entwickelt. 1915 stattete zuerst Frankreich sein Heer damit aus. Heute werden auch beim Sport und bei der Arbeit Helme getragen. Es gibt unzählige verschiedene Helme, die an die jeweiligen Schutzzwecke angepasst sind. Bei Bauarbeiten trägt man einen Helm, der hauptsächlich vor herabfallenden Gegenständen schützt. Beim American Football, wo die Spieler viel Körperkontakt haben, dient ein Gittervisier am Helm dazu, das Gesicht zu schützen. Welche Sportarten kennst du, bei denen man einen Helm braucht?

BRAUTSCHLEIER

TRADITION BEI CHRISTLICHEN HOCHZEITEN

In vielen Kulturen tragen Frauen bei ihrer Hochzeit eine besondere Kopfbedeckung: den Brautschleier. Woher diese Tradition kommt und was der Schleier jeweils symbolisiert, ist sehr vielschichtig und lässt sich nicht einfach beantworten. Im Christentum wird der Brautschleier jedenfalls seit dem 4. Jahrhundert verwendet. Er soll die „Reinheit" der Braut versinnbildlichen. Traditionell führte der Brautvater seine verschleierte Tochter vor den Altar. Während der Hochzeitszeremonie lüftete der Bräutigam den Schleier, um die Braut zu küssen und das Eheversprechen zu besiegeln.

IMKERHUT

SCHUTZSCHLEIER GEGEN WÜTENDE BIENEN

Ab und zu öffnen Imkerinnen und Imker ihre Bienenstöcke, um Honig zu ernten oder zu prüfen, ob es den Bienen gut geht. Wenn die Bienen sich dadurch bedroht fühlen, verteidigen sie ihr Zuhause, indem sie den Eindringling stechen. Damit es trotzdem möglich ist, der Arbeit konzentriert nachzugehen, wird spezielle Schutzkleidung getragen und auf dem Kopf: ein Hut mit einem Schleier aus einem ganz feinen Netz, das die Bienen abhält.

TAUCHERHELM

IN DEN TIEFEN DES MEERES

Wer früher längere Zeit unter Wasser verbrachte, trug einen Helm aus Kupfer. Zum Atmen pumpte man Luft von der Wasseroberfläche durch einen Schlauch in den Helm. Taucherhelme hatten mehrere Fenster, von denen das vordere abgenommen werden konnte. So konnten die Taucherinnen und Taucher zwischen den Tauchgängen beispielsweise eine Tasse Kaffee auf dem Schiff genießen, ohne den Helm abzunehmen. Heutzutage trägt man beim Profi-Tauchen Helme aus Kunststoff.

ASTRONAUTENHELM

IN DEN WEITEN DES WELTALLS

Ohne Schutz kann ein Mensch im All nicht überleben. Deshalb brauchen Astronautinnen und Astronauten, wenn sie die Raumstation verlassen, eine ganz besondere Ausrüstung: einen Raumanzug inklusive Helm, in dem eine Luftblase erzeugt wird, die Sauerstoff zum Atmen und einen Druck wie innerhalb der Erdatmosphäre bereitstellt. Außerdem schützen Anzug und Helm vor extremen Temperaturen und versorgen die Astronautin mit Wasser. Der Helm besitzt mehrere Visiere, von denen eins vergoldet ist, um die Augen vor Sonnenlicht zu schützen. Um sich an den Anzug zu gewöhnen, muss die Astronautin ein umfangreiches Training absolvieren, das oft unter Wasser in Begleitung vieler Taucherinnen und Taucher durchgeführt wird.

VIER GOLDHÜTE

KULTRELIKTE AUS EINER VERGESSENEN ZEIT

Ein großes Rätsel umgibt vier verzierte Hüte aus purem Goldblech. Sie wurden an jeweils verschiedenen Orten gefunden. Einer in Frankreich, zwei in Deutschland und die Herkunft des vierten ist unbekannt. Die Hüte stammen aus der späten Bronzezeit und sind zwischen 2.800 und 3.400 Jahre alt. Auf allen befinden sich ähnliche Verzierungen. Wofür die Goldhüte genutzt wurden, ist unklar. In der Bronzezeit gab es einen Sonnenkult, in dem die Sonne verehrt wurde. Die Hüte könnten Priestern dieses Kults gehört haben. Neuere Untersuchungen der Verzierungen deuten außerdem darauf hin, dass es sich bei ihnen um eine Art Kalender-Symbole handelte.

ZWEISPITZ

MARKENZEICHEN NAPOLEONS

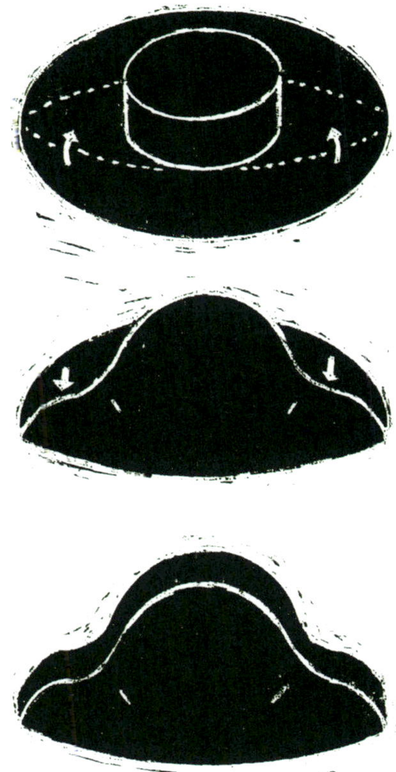

Obwohl der französische General und Kaiser Napoleon Bonaparte seit über 200 Jahren tot ist, haben einige seiner Zweispitze überlebt. Die Filzhüte sind genauso berühmt wie ihr Träger. Ende 2023 wurde ein napoleonischer Zweispitz für fast zwei Millionen Euro versteigert. Beim Zweispitz ist die Hutkrempe an den Seiten so hochgeklappt, dass sich zwei Spitzen bilden. Er wurde ab 1790 als militärische Kopfbedeckung verwendet. Üblicherweise wurde er mit den Spitzen nach vorne und hinten getragen. Aber Napoleon trug ihn mit den Spitzen zu den Seiten zeigend. So konnte man ihn auf dem Schlachtfeld sofort erkennen.

LORBEERKRANZ

SYMBOL FÜR RUHM UND EHRE

In der Antike wurde Gewinnern von Sportwettkämpfen wie der Olympiade ein Lorbeerkranz aufgesetzt. Er bestand aus den Blättern und Zweigen des Lorbeerbaums. Im antiken Rom trugen ihn auch die Sieger eines Krieges und später die römischen Kaiser, zum Beispiel Gaius Julius Cäsar. Seither gilt der Lorbeerkranz als Zeichen für Erfolg, Sieg und Herrschaft. Auch Napoleon ließ sich mit goldenem Lorbeerkranz malen, er wollte sich so als Nachfolger der römischen Kaiser darstellen.

NARRENKAPPE

ABGRENZUNG VON DER GESELLSCHAFT

An Karneval gilt die Narrenkappe als lustige Kopfbedeckung. Aber früher war ein Narr nicht nur jemand, der Späße macht und feiert. Im Mittelalter galten Narren als Menschen, die mit dem Teufel und dem Tod zu tun hatten. Hofnarren sollten die Adligen daran erinnern, dass das Leben endlich ist und dass Sünden schlecht sind. Im Laufe der Zeit wurde der Narr zum Spaßmacher, der der Obrigkeit auf lustige Weise die Wahrheit sagen durfte, ohne bestraft zu werden. Man erkannte ihn an seiner bunten Mütze mit schellenbesetzten Eselsohren und Hahnenkamm. Die lächerliche Kappe zeigte allen, dass ihr Träger nicht zu den braven Menschen zählte, sondern eine besondere Stellung einnahm.

Auch der heutige Karneval ist ein Ausnahmezustand, währenddessen man die Mächtigen auf die Schippe nimmt. Das Feiern hat also etwas Rebellisches. Kein echter Narr, aber eine berühmte Legendenfigur war Till Eulenspiegel. Angeblich zog er durchs Land und spielte den Menschen gemeine Streiche, damit sie ihre eigene Dummheit erkannten. Er hielt ihnen sozusagen den Spiegel vor und tat damit etwas ganz Ähnliches wie ein Narr. Deshalb wird auch er oft mit einer Narrenkappe dargestellt.

KRONE

ZEICHEN DER ERHABENHEIT

Besondere Kopfbedeckungen zur Kennzeichnung von Herrscherinnen und Herrschern gibt es schon sehr lange und in allen Kulturen der Welt. Eine davon ist die Krone. Sie wird zum Beispiel von einem Kaiser oder einer Königin getragen und ist ein Symbol der Macht. Oft ist eine Krone aus seltenen und kostbaren Materialien gefertigt – beispielsweise aus Gold und Juwelen.

ZARENKRONE
RUSSLAND

GROSSE
SIEGER-KRONE
THAILAND

KIANI-KRONE
PERSIEN

REICHSKRONE
HEILIGES
RÖMISCHES REICH

Wenn eine neue Person an die Macht kommt, wird sie gekrönt. In einer besonderen Zeremonie wird ihr die Krone auf den Kopf gesetzt. Diese Krönung ist wichtig, damit alle wissen, dass die Kaiserin oder der König rechtmäßig an der Macht ist. Bei all dem Gold und den wertvollen Edelsteinen kann ganz schön viel Gewicht zusammenkommen. Der König von Thailand musste bei seiner Krönung über sieben Kilo auf dem Kopf tragen!

KOPFBEDECKUNGEN

VON A BIS Z

ERKENNST DU DIE KOPFBEDECKUNGEN VON OBEN?

9
10
11
12
13
14
15
16
17
18

KAREN EXNER

Karen Exner wurde 1995 in Ratzeburg geboren. Sie lebt in Berlin und arbeitet an verschiedenen freien Projekten, Kooperationen und Aufträgen für visuelle Kunst, Illustration und Animation. Dafür hat sie ihren ganz eigenen Illustrationsstil entwickelt. Sie zeichnet ihre Illustrationen nicht, sondern kratzt sie in Ölpastellkreide. Diese zeitintensive und manchmal meditative Technik gibt ihr den Raum, ganz in ein Thema einzutauchen und beim Kratzen über neue Ideen nachzudenken. Karens Arbeiten wurden international ausgestellt.

exna.eu

HAMBURGER BILDERBUCHPREIS

Der Hamburger Bilderbuchpreis wird alle zwei Jahre vom Verein Neues Bilderbuch vergeben. Mit dem Preis werden herausragende, unveröffentlichte Bilderbuchprojekte ausgezeichnet und in Kooperation mit engagierten Verlagen veröffentlicht. Der Verein Neues Bilderbuch ist gemeinnützig und wird durch Spenden finanziert.

www.neues-bilderbuch.de

Auflösung „Kopfbedeckungen von oben": 1 Kegelhut | 2 Fahrradhelm | 3 Bärenfellmütze | 4 Fes | 5 Baseballkappe | 6 Fascinator | 7 Hundsgugel | 8 Cowboyhut | 9 Pudelmütze | 10 Taucherhelm | 11 Baskenmütze | 12 Kippa | 13 Zweispitz | 14 Lardil-Tanzhut | 15 Krone | 16 Lorbeerkranz | 17 Polizeimütze | 18 Sombrero